DESCRIPT

De l'Intérieur et de l'Extérieur de l'Hôtel Royal des Invalides.

Cet édifice, digne de la grandeur de Louis XIV, fut élevé par les ordres de ce prince, en 1760, pour procurer aux anciens soldats et aux blessés de l'armée un asile assuré; aussi nous pouvons dire qu'aujourd'hui rien n'est épargné pour adoucir leurs maux et consoler leur vieillesse. La façade principale du monument comprend une étendue de 205 mètres; le bas-relief du fronton se compose de la statue équestre de Louis XIV, et des figures de la Justice et de la Prudence. A l'extérieur de cette porte sont les statues colossales de Mars et de Minerve; dans la clé de la voûte est une tête d'Hercule en marbre; les quatre figures placées aux angles du pavillon terminant cette façade sont celles que l'on voyait autrefois place des Victoires. Visitons mainte-

nant les quatre réfectoires, qui ont 50 mètres
de long sur 9 de large. On remarque avec
plaisir sur les murailles des peintures à fres-
que représentant les batailles les plus remarquables du règne de Louis XIV, des villes de
Flandre, de Hollande, d'Alsace, de Franche-
Comté, conquises par ce grand roi. Au premier étage du pavillon du milieu est la biblio-
thèque contenant 40,000 volumes. De la cour
Royale on entre directement dans l'église, bâ-
tie en pierres dures bien assemblées; la chaire
est en marbre. Quatre grands pavillons ou
drapeaux, verts, blancs et rouges, pris aux
Mexicains à Saint-Jean-d'Ulloa, par les marins
français, et apportés à Paris en 1838, sont
placés dans la nef; ces pavillons ont plus de 7
mètres d'envergure. Huit dortoirs sont placés
au-dessus des réfectoires; les deux cuisines
sont à gauche au rez-de-chaussée; elles possè-
dent deux marmites pouvant contenir chacune 600 kil. de viande.

Nous venons de parcourir une partie de ce
monument, qui réunit tout à la fois le beau,
le grand et l'utile, et qui mérite d'exciter l'ad-
miration des hommes faits pour apprécier ce
qui honore le plus l'esprit humain, dans les
institutions sociales et dans les arts. Entrons
dans le dôme couvert en plomb doré, et re-
gardé comme un chef-d'œuvre de l'architecture française; sa construction dura trente
ans. Deux statues de beau marbre, représentant saint Louis et Charlemagne, font l'orne-
ment du péristyle; les statues de la Tempé-
rance, la Justice, la Prudence et la Force,

sont placées dans l'attique. Les groupes qui décorent la balustrade représentent les quatre pères de l'Eglise grecque et ceux de l'Eglise latine. La croix qui surmonte l'édifice est à 108 m. au-dessus du sol. La coupole est couverte en plomb; on est étonné, en pénétrant dans l'intérieur, de l'éclat de son pavement de marbre; elle a 17 mètres de diamètres. Le Christ est représenté environné d'anges et de saints, recevant Saint-Louis dans la bienheureuse demeure; les douze apôtres se voient entre les croisées. La voûte du sanctuaire représente les trois personnes de la sainte Trinité, et l'assomption de la Vierge; les quatre évangélistes sont placés dans les pendentifs. Cinq chapelles entourent le dôme : dans la première sont représentées les actions les plus remarquables de saint Augustin; à l'entrée sont deux médaillons, saint Louis rendant la justice à ses sujets, et ce monarque montrant la vraie croix au peuple. Dans la chapelle voisine s'élève le monument funèbre du maréchal Vauban; on y voit deux bas-reliefs, saint Louis ordonnant la construction des Quinze-Vingts, et la captivité de ce prince à Damiette. Dans la chapelle suivante, dédiée à saint Jérôme, sont des tableaux offrant les circonstances les plus extraordinaires de la vie du saint, et au bas-relief, saint Louis lavant les pieds aux pauvres, et un songe où ce prince considère l'enfant Jésus dans les ateliers de saint Joseph. Maintenant, du côté opposé, dans la première chapelle, les bas-reliefs représentent saint Louis, qui reçoit la croix des mains du légat du pape,

et la cérémonie de son mariage. Le mausolée
de Turenne est érigé dans la chapelle dédiée
à sainte Thérèse; l'Immortalité pose une couronne sur la tête du héros, de l'autre main
elle soutient le guerrier expirant. La pyra-
mide au-dessus du sarcophage est ornée de
quatre bas-reliefs représentant la bataille de
Turkheim. Enfin quatre bas-reliefs, dont nous
ne pouvons exprimer la beauté sont le com-
plément de l'histoire de saint Louis : dans le
pourtour du dôme, on le voit d'abord recevant l'extrême-onction, puis envoyant des mis-
sionnaires pour convertir les infidèles, ensuite
servant les pauvres à table, et recevant avec
ses enfants la bénédiction du pape.

C'est donc sous le dôme de ce monument
imposant que la sépulture auguste de celui
qui fut empereur et roi est élevée; c'est dans
ce temple consacré par la religion au dieu des
armées que se trouve déposé le dernier tombeau du brave des braves, de ce guerrier in-
vincible qui conduisit si souvent nos phalan-
ges à la victoire; c'est là enfin que repose le
plus grand des héros! Des cérémonies pieuses
et solennelles ont eu lieu le 15 décembre; tout
le dôme, depuis le sol jusqu'au premier ordre
d'architecture, était tendu d'une draperie en
velours violet et or, et parsemé d'abeilles et
d'aigles brodées dans des couronnes. Au milieu, à l'emplacement où doit être érigé le tombeau de Napoléon, s'élève un immense catafalque orné de plumes, d'aigles et des armes de
l'empereur, rehaussé ensuite de quatre rideaux
de velours bordés d'hermine, et se relevant

soutenus par une couronne octogone, avec une élégance admirable; puis ce même catafalque, entouré de trophées, de drapeaux tricolores représentant toute notre armée, est surmonté, au niveau des croisées de la coupole, de quatre grands cercles formant une dentelle lumineuse. 150 chanteurs, accompagnés de 150 musiciens, ont exécuté le célèbre *requiem* de Mozart.

Tout-à-fait au fond du dôme, il a été construit un autel, au-dessus duquel, à droite et à gauche, ont été construites deux tribunes destinées au roi et à sa famille, la chapelle saint Jérôme était transformée en un magnifique salon pour la réception du roi et des princes.

Trois bannières portant le chiffre du grand homme étaient placées, l'une entre les deux tribunes, et les deux autres vis-à-vis des tombeaux de Vauban et de Turenne. Là étaient construites d'immenses estrades réservées aux premières notabilités du royaume, et tout le corps représentant encore la vieille armée. L'église, toute tendue de noir, était transformée en chapelle ardente, et, au niveau des tribunes, un cordon de bougies, des lampes d'argent, les feux et les cierges du catafalque, ont complété les milliers de lumières qui ont éclairé cette imposante cérémonie.

Quant à la grande cour de l'édifice, elle était, dans toute sa circonférence, tendue de noir à ciel ouvert; toutes ces draperies, richement décorées, étaient ornées de grands écussons représentant les armes de l'empereur, et sur lesquels on lisait toutes ses victoires et con-

quêtes. Pour procéder à ces immenses prépa-
ratifs, on a pris toutes les mesures nécessaires
pour enlever le baldaquin, l'autel, ainsi que
les belles colonnes torses qui le décorent; on
n'a pas touché aux degrés qui conduisent à
l'autel, ni aux belles mosaïques qui garnissent
les dalles du dôme. Par le moyen d'un plan-
cher, on a établi une pente douce, qui a uni
le sol au niveau du celui du dôme. Un arc de
triomphe avait été élevé devant la grille.

Toute la longueur de la grande avenue des
Champs-Elysées depuis l'Arc-de-Triomphe
offrait le coup d'œil le plus majestueux; trente-
deux statues de 7 mètres de hauteur ornaient
à droite et à gauche sur l'Esplanade des Invalides le passage du char impérial; voici, parmi
les rois et les généraux, les personnages qu'on
a choisis:

RANG DE DROITE, en sortant des Invalides:
Clovis,—Charles-Martel,—Philippe-Auguste,
—Charles V,—Charles VII,—Louis XII,—
Bayard,—Louis XIV,—Turenne,—Duguay-
Trouin,—Hoche,—Latour-d'Auvergne,—Kel-
lermann,—Ney,—Jourdan et Lobau.

RANG DE GAUCHE, en sortant également de
la grille des Invalides: Charlemagne,—Hu-
gues-Capet,—Louis IX,—Jeanne-d'Arc,—Du-
guesclin,—François Ier,—Henri IV,—Condé,
Vauban,—Marceau,—Desaix,—Kléber,—
Lannes,—Masséna,—Mortier et Macdonald,
duc de Tarente.

Les artistes nommés pour modeler tous ces
grands sujets d'histoire sont: MM. Bosio, Ne-
veu, Maindron, Brion, Husson, Lanneau, Ro-

binet, Armand Toussaint, Juley, l'Evêque, Jouffroy, Cavelier, Simart, Brun, Klagmann, Garaud, Briaud aîné, Schey, Etex et Dantan.

Sur le pont de la Concorde, huit autres statues ont été élevées ; elles ont 4 mètres de hauteur, et elles représentent : la Prudence, la Force, l'Agriculture et les Arts, la Justice, la Guerre, le Commerce et l'Eloquence. Les quatre piédestaux qui forment les angles du pont sont décorés d'une colonne de 15 mètres d'élévation ; chacune de ces colonnes est surmontée d'un aigle de 2 mètres de proportion, aux ailes déployées et lançant la foudre.

Le fronton de la Chambre des députés a été découvert pour cette auguste solennité. La statue de l'Immortalité, de M. Cortot, de 6 mètres de hauteur et destinée à être placée sur le dôme du Panthéon, a été dressée devant le péristyle du palais. La statue est debout sur un trône, la main droite appuyée sur la charte de 1830.

Voici comment l'armée a été représentée à cette grande solennité ; y assistaient tous les régiments faisant partie de la première division, composée des départements de la Seine, de Seine-et-Oise et Seine-et-Marne. Quant aux autres divisions, elles ont été représentées par une députation ainsi composée : un colonel, un chef de bataillon, un capitaine, un lieutenant, un sous-lieutenant, un sous-officier et deux soldats. Ces députations marchaient avec leur étendard en tête du cortége. Indépendamment de cette grande députation militaire, toute la garde nationale de Paris et de la banlieue a été convoquée pour cette grande cérémonie nationale.

Voici, en outre, le résumé du programme concernant la marche du char traîné par seize chevaux noirs, richement harnachés et caparaçonnés et marchant quatre de front. En tête étaient la musique et les régiments de toute la première division; derrière, suivaient tous les vieux soldats portant l'uniforme de l'empire. Après venaient les maréchaux de l'empire, faisant escorte à l'épée impériale, les bannières des quatre-vingt-six départements, la Chambre des pairs et celle des députés, les Ecoles civiles et militaires, etc., etc.

Le CHAR. La hauteur du char est de 10 mètres, sa longueur de 9, et sa largeur de 5; il se compose d'un soubassement à panneaux encadrés dans des colonnettes à chapiteaux, qui supporte un mausolée en sarcophage. Le socle est revêtu jusqu'à terre d'une draperie velours violet et or, parsemée d'abeilles, d'étoiles, avec des aigles brodées dans des couronnes. Ce mausolée dans lequel se trouve renfermé le cercueil de l'empereur, est rehaussé d'une aigle à chaque angle de l'entablement. l'avant et l'arrière train de ce char magnifique sont décorés de quatre trophées de drapeaux de toutes les nations. Le sarcophage est décoré du manteau impérial, du sceptre, de la couronne, est supporté par quatorze figures représentant nos principales victoires.

EXPÉDITION DE SAINTE-HÉLÈNE,

PAR

S. A. R. le prince de JOINVILLE,

Commandant la Fregate la Belle-Poule.

Nous avons espéré que nos lecteurs nous sauraient gré de leur faire connaitre le résultat de l'importante mission confiée à S. A. R. le prince de Joinville par son auguste père le roi Louis-Philippe, de se rendre à Sainte-Hélène afin d'y chercher les dépouilles mortelles du grand capitaine. Lorsque cette résolution fut soumise aux représentants de la grande nation, on sait qu'elle fut reçue avec le plus grand enthousiasme, et qu'un million fut voté à l'unanimité pour une si glorieuse entreprise. Le prince partit donc de Paris le 24 juin pour se rendre à Toulon, et ce fut le 8 octobre au matin, après soixante-six jours de mer depuis Toulon et vingt-quatre depuis Bahia, que la frégate *la Belle-Poule* et la corvette *la*

Favorite furent en vue de *James-Town*, capitale de l'île. Après avoir louvoyé toute la matinée, M. le prince de Joinville réussit à prendre un excellent mouillage fort près de terre. Il ne se trouvait dans la rade que deux bâtiments de guerre, le brick français l'*Oreste*, et la goëlette anglaise *Dolphin*. Dès que la *Belle-Poule* eut jeté l'ancre, l'*Oreste* salua le prince avec les hommes sur les vergues et aux cris de *Vive le roi?* Le *Dolphin* salua ensuite de vingt-et-un coups de canon. La frégate rendit le salut du *Dolphin*, puis elle salua la terre, et les forts répondirent par un salut royal de vingt-et-un coups.

Le 8 octobre au matin, M. le prince de Joinville descendit à terre, en grand uniforme, accompagné de M. le commandant Hernoux, son aide-de-camp, de MM. les généraux Bertrand et Gourgaud, de M. de Rohan-Chabot, commissaire du roi, de M. de Las-Cases, de M. Marchand, de M. l'abbé Coquereau, aumônier de la *Belle-Poule*, et de plusieurs officiers des trois bâtiments. Après une première conférence sur l'objet de sa mission et les moyens de l'accomplir, M. le prince de Joinville s'empressa d'aller visiter le tombeau de Napoléon à Longwood, course pleine d'un intérêt douloureux et pour les compagnons du jeune prince, qui revoyaient, après vingt années d'absence, le lieu de leur exil, et pour ceux-là même qui contemplaient pour la première fois ce dernier asile de tant de gloire! Dans les journées du 11, du 12 et du 13, et en attendant que le commissaire français eût arrêté

avec les autorités anglaises toutes les disposi-
tions préliminaires à prendre pour l'exhumation et la translation des restes de l'empereur,
les équipages des trois bâtiments de guerre
furent conduits par détachements au tombeau
et à Longwood, et chaque homme put rap-
porter un souvenir de sa visite. De leur côté,
MM. Bertrand, Las-Cases, Gourgaud et Marchand consacrèrent ces trois jours à parcourir
les lieux où ils avaient si souvent vu et suivi l'empereur, et ces nobles compagnons de sa captivité recueillirent constamment dans leurs cour-
ses à travers l'île les témoignages les plus flat-
teurs du respect et de l'affection qu'a conservés
pour eux la population de Sainte-Hélène. La
journée du 15 octobre, 25ᵉ anniversaire de l'arrivée de l'auguste exilé, avait été définitive-
ment fixée pour la cérémonie de la translation.
La veille, dans l'après-midi, les cercueils ve-
nus de France sur la *Belle-Poule*, le char funèbre construit dans l'île par ordre du gouverneur, et les divers objets nécessaires pour
les opérations furent successivement dirigés
vers la vallée du tombeau, vallée étroite et
profonde appelée jadis *Bol de punch du dia-
ble*. A dix heures du soir, les personnes dési-
gnées pour assister, du côté de la France, à
l'exhumation, descendirent à terre et se diri-
gèrent vers le lieu de la sépulture.

En remettant la clé du sarcophage d'ébène
au comte de Chabot, commissaire du roi, le
capitaine du génie Alexander lui a déclaré, au
nom du gouverneur, que ce cercueil renfer-
mant les restes mortels de l'empereur Napo-

léon, serait considéré comme à la disposition du gouvernement français dès ce jour, et du moment où il serait arrivé au lieu d'embarquement vers lequel il allait être dirigé. Un char funèbre à quatre chevaux, décoré d'emblèmes funèbres, avait été préparé, avant l'arrivée de l'expédition, pour recevoir le cercueil. Quand le sarcophage eut été placé sur le char, le tout fut recouvert d'un magnifique manteau impérial envoyé de Paris, et dont les quatre coins furent remis à MM. les lieutenants généraux Bertrand et Gourgaud, au baron de Las-Cases et à M. Marchand. A trois heures et demie, le convoi s'est mis en marche, précédé d'un enfant de chœur portant la croix, et de M. l'abbé Coquereau. Toutes les autorités de l'île, tous les principaux habitants et la garnison entière ont suivi la marche funèbre depuis la tombe jusqu'au quai.

Depuis le moment du départ jusqu'à l'arrivée sur le quai, le canon des forts et les batteries de la *Belle-Poule* ont tiré de minute en minute. Parvenues à l'entrée de la ville, les troupes de la garnison et de la milice se déployèrent en deux lignes jusqu'à l'extrémité du quai, les soldats appuyés sur leurs armes renversées, et les officiers le crêpe au bras et la tête posée sur le pommeau de leur épée. Le cortége s'avança lentement au bruit des canons des forts, répété mille fois par les échos des immenses rochers qui s'élèvent au-dessus de James-Town. Lorsque le char funèbre fut arrêté, S. A. R. le prince de Joinville s'avança seul, et en présence de tous les assistants découverts, reçut solennellement le cercueil impérial des mains de M. le général Middlemore, gouverneur de l'île.

Une chaloupe d'honneur avait été disposée pour recevoir le cercueil; un magnifique pavillon royal, que les dames de James-Town avaient voulu broder elles-mêmes, fut élevé. Dès que la chaloupe se fut éloignée, la terre tira le grand salut de vingt-et-un coups de canon, et les bâtiments français envoyèrent la première salve de toute leur artillerie. Le prince avait fait disposer sur le pont de la frégate une chapelle parée de drapeaux et de faisceaux d'armes, et dont l'autel avait été élevé aux pieds du mât d'artimon; porté par nos matelots, le cercueil passa entre deux haies d'officiers, l'épée nue, et fut placé sur les panneaux du gaillard d'arrière. L'absoute fut faite le soir même par M. l'abbé Coquereau. Le lendemain 16, à 10 heures, une messe solennelle fut célébrée sur le pont en présence des états-majors et d'une portion des équipages. La cérémonie fut terminée par une absoute à laquelle prirent part, en venant jeter de l'eau bénite sur le cercueil, M. le prince de Joinville, la mission, les états-majors et les premiers maîtres de bâtiments. A onze heures, toutes les cérémonies de l'Église étaient accomplies, tous les honneurs souverains avaient été rendus à la dépouille mortelle de Napoléon. Le cercueil fut descendu avec soin dans l'entrepont et placé dans la chapelle ardente disposée à Toulon pour le recevoir. Le dimanche 18, à huit heures du matin, la *Belle-Poule* quitta

Sainte-Hélène, emportant son précieux dépôt,
et suivant le rapport adressé à M. le ministre
de la marine par S. A. R. le prince de Joinville,
la *Belle-Poule*, après la traversée la plus heureuse et facile, est arrivée en rade de Cherbourg le 29 novembre 1840.

Arrivée à Cherbourg, départ pour Paris.

D'après la décision unanime du conseil mu-
nicipal de la ville de Cherbourg, M. le maire,
accompagné de la garde nationale, est parti
de l'Hôtel-de-Ville pour aller déposer sur le
cercueil de l'empereur, et au nom de la ville,
une couronne de laurier et de chêne en or,
sur la banderolle de laquelle était tracée l'in-
scription suivante :

« A Napoléon-le-Grand, la ville de Cherbourg reconnaissante. Par les ordres du gouvernement, cette couronne est déposée dans
la décoration du mausolée, à l'hôtel des Invalides.

Le 2 décembre, à une heure, le prince a
fait tirer une salve d'artillerie, a débarqué ses
poudres, et est entré dans l'avant port, où la
Belle-Poule était amarrée; le cercueil a été
placé dans l'entrepront, couvert du manteau
impérial, au-dessus duquel était la couronne,
aux quatre coins étaient des couronnes de
lauriers dorées; derrière était un autel, la
chambre ardente où reposait l'empereur,

d'environ trois mètres sur quatre, tendue de velours noir brodée en argent, et entouré de draperies aussi en velours noir, à franges d'argent.

Le cercueil du grand homme a été placé à bord de la *Normandie*, au milieu du gaillard d'arrière, et pour éviter le dérangement qu'il aurait pu éprouver aux mouvements de la mer, il a été saisi de chaque côté au moyen de boucles; ensuite il a été recouvert du manteau impérial doublé en hermine, brodé en or et semé d'abeilles, la couronne impériale au milieu et les couronnes de lauriers aux quatre coins; l'autel était placé au pied d'artimon, habillé en velours brodé d'argent, et quatre aigles en argent au pied de l'autel.

Autour du cercueil étaient placés les ifs avec leurs bougies. On avait eu l'heureuse idée d'établir un dôme plat, soutenu par douze colonnes, couvert et brodé en argent, afin de le préserver de la pluie et de l'humidité. Il était entouré d'une tapisserie en velours à franges d'argent; de chaque côté étaient suspendus les ostensoirs où brûlait l'encens; à la tête une croix dorée, aux pieds, une lampe dorée, et tout autour d'autres lampes brûlaient constamment.

Le cortége se composait, à partir de Cherbourg, de la *Normandie*, portant le catafalque, du bâtiment à vapeur de l'Etat le *Véloce*, et le bâtiment à vapeur le *Courrier*, tous les deux portant la suite et les marins qui accompagnaient le cercueil. Arrivé sur la rade du Hâvre, le *Véloce* a été remplacé par le bateau à

vapeur la *Seine.* Quatre bateaux à vapeur de
la Haute-Seine ont été envoyés au devant du
cortége, en Seine, au lieu où se fait le transbordement; l'un, *la Dorade*, a reçu le cercueil; les autres portaient la suite et les marins. Le 2 décembre, anniversaire du couron-
nement et de la bataille d'Austerlitz, la *Belle-
Poule* est entrée dans le port militaire. Le fort
de la Liberté a salué le bâtiment à son entrée.

Pendant le dernier convoi par eau, qui s'est
fait de Maisons à Courbevoie, le 14 décembre,
des marches militaires ont été exécutées par
200 musiciens, sur un bateau qui précédait
celui qui contenait les restes de l'empereur,
et le lendemain, 15 décembre, jour mémora-
ble dans les annales, des symphonies militaires ont accompagné le cortége de Courbevoie
jusqu'aux Invalides.

— ARC DE TRIOMPHE, sur la plate-forme,
l'apothéose de Napoléon a été figurée et il est
ainsi composé: l'empereur, vêtu du grand
costume impérial comme au jour de son sacre,
se tient debout devant son trône; à ses côtés
sont deux figures qui représentent le génie de
la guerre, et celui de la paix; ce groupe est
posé sur un socle d'une grande proportion,
orné de guirlandes et de trophées d'armes de
toutes espèces, rappelant les batailles et victoires de Napoléon; ce socle porte ensuite à
chaque angle un énorme trépied brûlant des
flammes de couleur, enfin aux angles extrêmes
du monument sont deux renommées à cheval,

représentant la gloire et la grandeur; quant à l'ensemble de triomphe, pavoisé d'abord tout autour par une rangée de mats, il a été décoré le jour de la solemnité, depuis le sommet jusqu'à terre de guirlandes et de festons.

Au port de Courbevoie, on a élevé un temple de 25 mètres de long sur 14 de large et 18 de hauteur; une colonne de 16 mètres, surmontée d'un globe et d'une aigle, a été également élevée.

La statue colossale, élevée en face de la principale avenue de l'Esplanade, est celle que M. Bosio vient d'exécuter pour couronner la colonne de la grande armée, érigée à Boulogne; elle représente Napoléon, revêtu du manteau impérial, parsemé d'abeilles; le héros tient dans la main droite un large cordon, auquel est attachée la croix de la Légion-d'Honneur, en mémoire de la première distribution de croix d'honneur, qui se fit au camp de Boulogne; la main gauche est appuyée sur un sceptre surmonté d'une aigle.

TOMBEAU DE NAPOLÉON.

EXHUMATION

des restes de l'empereur NAPOLÉON,

A SAINTE-HÉLÈNE.

———

Le 15 octobre 1840, à neuf heures et demie du matin, la terre avait été entièrement retirée du caveau, toutes les couches horizontales démolies, et la grande dalle qui recouvrait le sarcophage intérieur détachée et enlevée à l'aide d'une chèvre. Les travaux en maçonnerie cimentée qui entouraient de toutes parts le cercueil, et auxquels les dix-neuf années déjà écoulées n'avaient porté aucune atteinte, l'avaient tellement préservé des effets de l'atmosphère et de la source voisine, qu'à la première vue il ne semblait en aucune façon altéré. Le sarcophage en dalles, lui-même parfaitement conservé, était à peine humide. Dès que l'abbé Coquereau eut récité les premières prières, le cercueil fut retiré avec beaucoup de précaution et porté par des soldats du génie, nu-tête, dans une tente dressée pour le recevoir auprès du tombeau.

Après la cérémonie religieuse de la levée du corps, les cercueils intérieurs furent ouverts sur la demande de M. le commissaire du roi. Le premier cercueil intérieur était légèrement altéré; le cercueil de plomb était en bon état, et renfermait deux autres cercueils, l'un en bois, l'autre en fer-blanc, dont les recouvrements furent successivement enlevés.

Il est difficile de décrire avec quelle émotion les assistants attendaient, dans le silence le plus profond, le moment qui devait leur révéler tout ce que la mort avait laissé de Napoléon; mais quand, par la main du docteur Gaillard, le drap de satin fut soulevé, un mouvement de surprise et d'attendrissement éclata parmi les spectateurs, et la plupart d'entre eux fondirent en larmes.—L'empereur lui-même était devant eux!—On aurait dit que la mort n'avait pas osé imprimer ses ravages sur cette noble figure. S. A. R. le prince de Joinville, ainsi que les généraux, dans un pieux recueillement, présentèrent aux cendres du héros des couronnes de laurier, emblèmes de gloire et de grandeur. Les traits de la figure, bien qu'altérés, étaient parfaitement reconnaissables, les mains parfaitement belles; le costume, si connu, avait peu souffert; les épaulettes, les décorations, le chapeau, étaient entièrement conservés; la pose elle-même pleine d'abandon, et sauf les débris de la garniture de satin qui recouvraient plusieurs parties de l'uniforme, on eût pu croire Napoléon étendu encore sur son lit de parade. M. le général Bertrand, M. Marchand et les autres personnes présentes à l'inhumation, indiquèrent les divers objets déposés par eux dans le

cercueil. Chacun de ces objets était demeuré
dans la position exacte qu'ils lui avaient assi-
gnée. On a même remarqué que la main gauche, que le grand maréchal avait prise pour la
baiser une dernière fois, au moment où l'on
fermait le cercueil, était restée légèrement sou-
levée; entre les jambes, auprès du chapeau,
on apercevait les deux vases qui renfermaient
le cœur et l'estomac...

Nous terminerons notre récit en disant que
les Anglais ont témoigné le désir de conserver
le tombeau du génie immortel à qui toute l'Eu-
rope appartient; ils espèrent qu'un sépulcre
désert attirera toujours, si ce n'est de nom-
breux pélerins, au moins quelques curieux
avides de contempler les lieux qu'habita et où
mourut l'homme devenu universel.

Le transbordement du cercueil impérial sur le bateau
à vapeur qui l'a conduit jusqu'à Courbevoie, s'est fait
au Val-de-la-Haye, le 10 décembre à 3 heures.

Un arc de triomphe avait été dressé au milieu du fleuve,
des pyramides et des faisceaux d'armes étaient élevés
autour du bassin. A dix heures, le bateau, portant les
restes de Napoléon, est passé sous l'arc de triomphe. A
ce moment, les vétérans jetèrent, avec une émotion profonde, sur la route du cercueil, des couronnes d'immor-
telles. Le bateau a stationné, pendant une demie-heure,
au milieu de la rivière. Ce temps fut rempli par l'opéra-
tion du transbordement et par la célébration du service
religieux, fait par le cardinal archevêque de Rouen, à la
tête de 200 prêtres.

28 juillet 1833.

NAPOLÉON BONAPARTE ;

Né à Ajaccio, en Corse, le 16 août 1769 ; mort le 5 mai 1821, à Sainte-Hélène.

France !..... France !...... furent les derniers mots qu'il fit entendre.

Imprimerie de COSSE ET G.-LAGUIONIE, rue Christine, 2.

Couvertures supérieure et inférieure
manquantes

Imprimé en France
FROC020837290220
23563FR00010B/72